D19272202

Es führte ein Jäger aus Peine ...

Eckhard Mawick Erich Begalke

FSC
www.fsc.org
MIX
Papier aus verantwortungsvollen Quellen
Paper from responsible sources
FSC® C105338

Herstellung und Verlag:
BoD - Books on Demand, Norderstedt
ISBN: 978-3-7519-4825-8
Copyright 2020 : Eckhard Mawick, Erich Begalke

Cover Layout : Michael Kramer
Buch Layout : Michael Kramer

Möge dieses Büchlein all jenen Erkenntnisgewinn bescheren, die sich schon immer über die Spezies der Jagdausübungsberechtigten so oder so ihre Gedanken gemacht haben.

Zur Klärung vorweg:

Alle hier geschilderten Ereignisse haben sich wirklich genau so zugetragen. Soweit es sich um noch lebende Personen oder Jagdhunde handelt, wurden aus Datenschutzgründen die Ortsnamen verändert. Bekanntlich ist die Erde eine große Scheibe. Diese ist in endlich viele Jagdreviere aufgeteilt. Und ganz gleich, in welchem Revier eine Jägerin oder ein Jäger ansitzt: Im Nachbarrevier gibt es viel mehr Wild, weniger Störungen und so gut wie keinen Wildschaden.

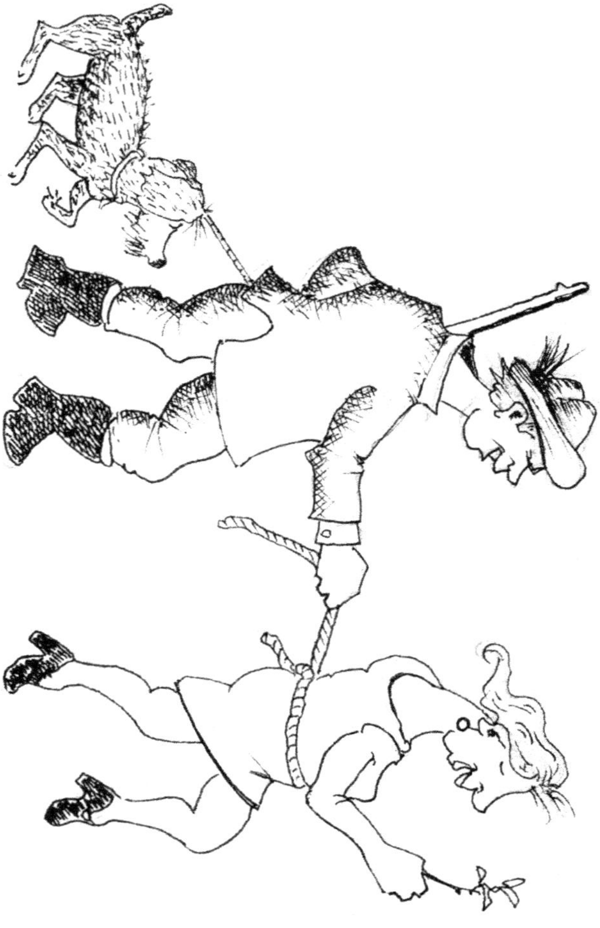

Es führte[1] ein Jäger aus Peine
die Ehefrau stets an der Leine.
Und wenn er sie schnallte[2],
durch Feld und Wald hallte:
„Ich liebe sie doch, wie sonst keine!“

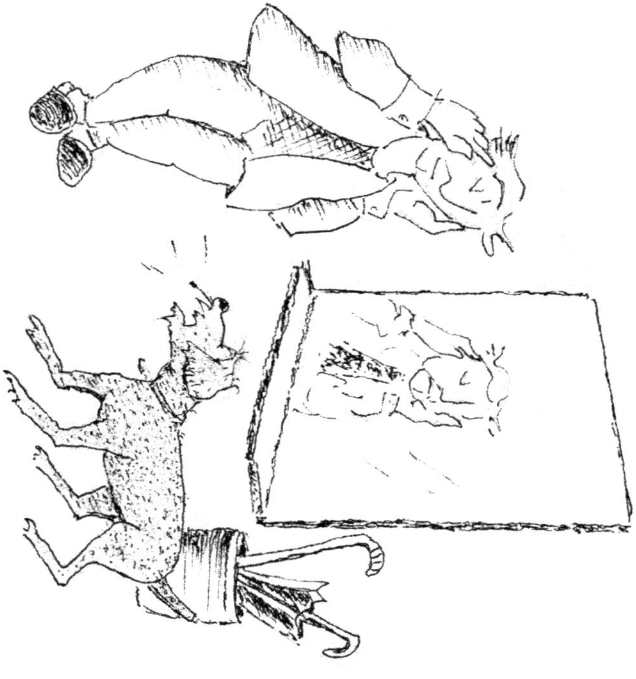

Der Hund des Jägers aus Bielefeld,
der andauernd laut auf der Diele bellt,
zeigte stets flotte Suche[3].
Das schlug jagdlich zu Buche.
Nur ein schwacher Trost für das viele Geld!

Ein uralter Jäger aus Xanten,
so einer mit Ecken und Kanten,
der schoss dreizehn Bären
in Böhmen und Mähren,
erzählen die Onkel und Tanten.

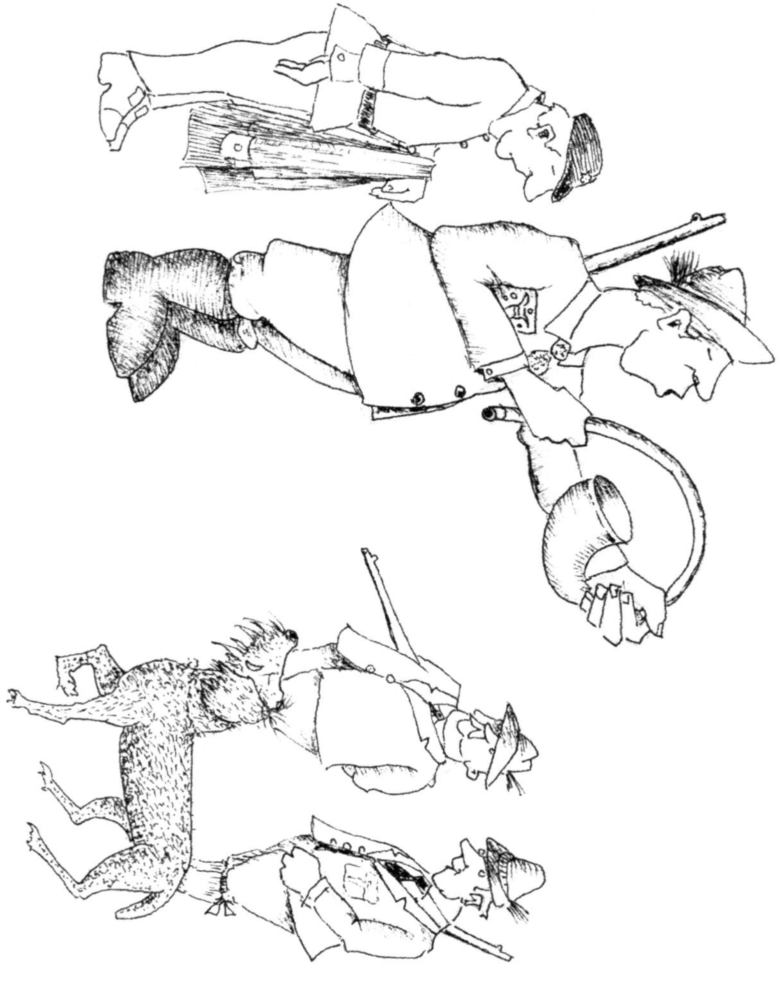

Die Fanfare des Fürsten von Pless[4],
die machte durch Länge nur Stress.
Er bog sie voll Zorn
kreisrund zu nem Horn
und blies dies im jagdgrünen Dress.

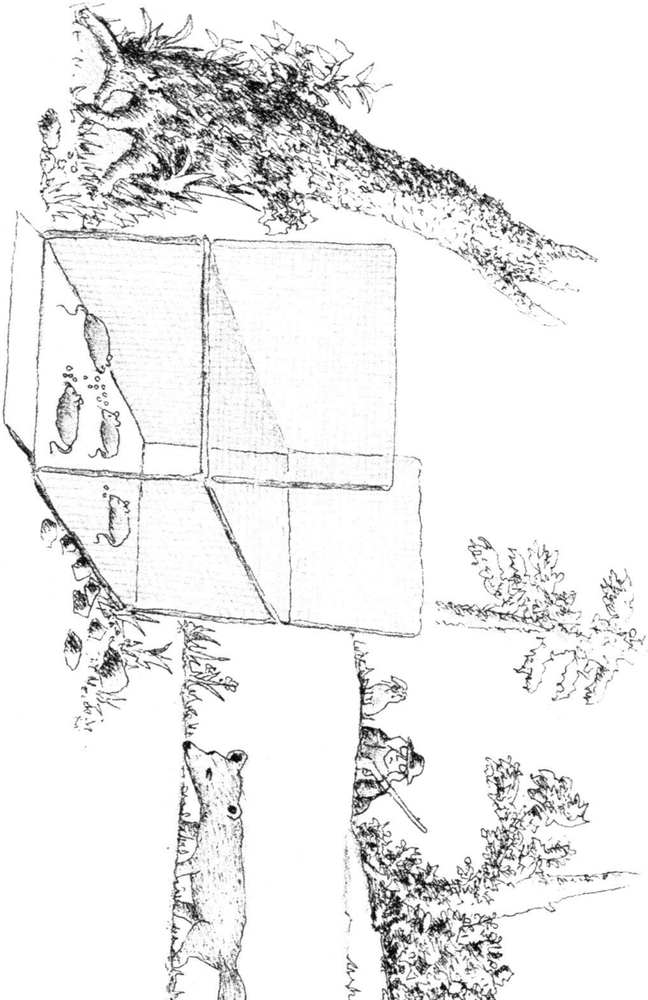

Ein plietscher[5] Jäger aus Heide
fängt jeden Fuchs mit Getreide:
Er lockt damit Mäuse
ins Fallengehäuse.
Die Strecke[6]: ne Augenweide!

Ein merkwürdiger Weimaraner[7],
kein Landhund, wohl mehr ein urbaner,
verschmähte Fleisch stur.
Das war schon obskur !
So wurde er schließlich Veganer.

Ein Jäger in den Abruzzen
der pirschte mit seinem Stuzzen[8].
Das war zwar Genuss,
doch fiel gar kein Schuss.
Den Lauf muss er nun nicht puzzen.

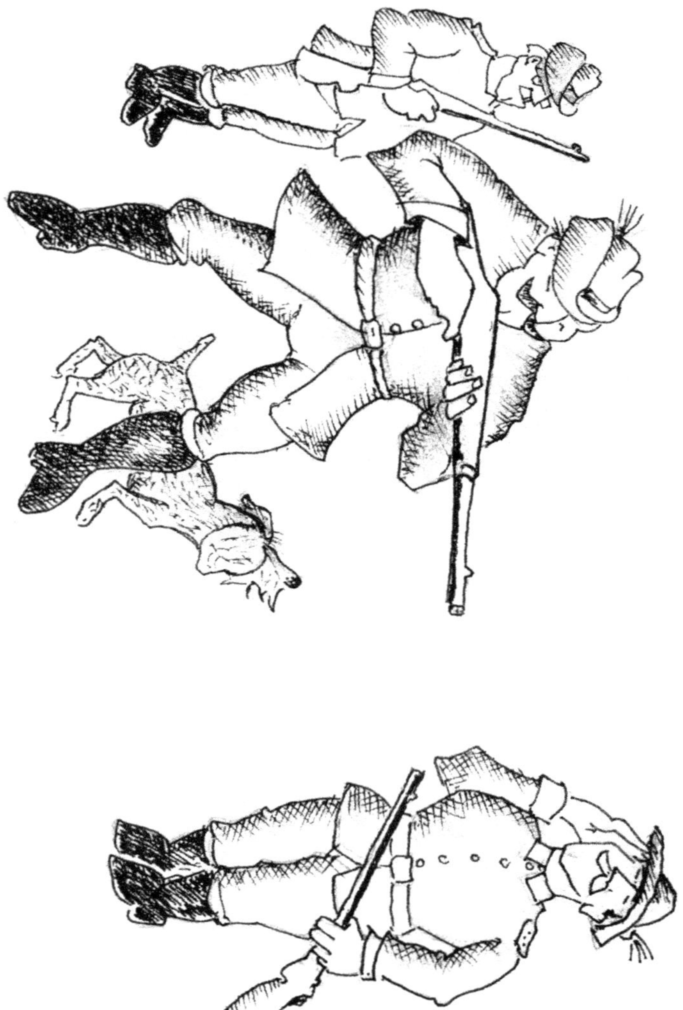

Der Kaiser zog los in Rominten[9]
mit drei verschiedenen Flinten.
Nur eine schoss schlecht,
da war es ihm recht,
dass zwei zumindest nicht spinnten.

TEE
RUM

Ein Lord aus der Gegend von Worchester
vermied auf der Jagd jeden Horchester.
Durch des Schaftstiefels Loch
kalte Feuchtigkeit kroch.
Drum ging er am Monday zum Schorchester.

Der Hochsitz war morsch und schon alt.
Der Wind pfiff durch manch einen Spalt.
Es kam wie es muss:
Ein Brett brach – kein Schuss.
Die Sau ließ die Tatsache kalt.

Die „goldene Sau von Kandern[10]“
bekannt wohl dem einen und andern.
Ein Keiler voll Wein,
als Ehrentrunk fein,
tat er von Mund zu Mund wandern.

KORN

Ein Jäger aus Hamburg, ein Anwalt,
der nach sieben Glas Korn schon als stramm galt,
der war, wenn er nüchtern,
bei Damen ganz schüchtern.
Mit Korn jedoch schmiss er sich ran bald.

Ein Tierschützer am Mikrophon
vergriff sich schon öfter im Ton.
Er sprach, ich zitiere:
von „Krieg gegen Tiere“!
Das tötet dann die Diskussion.

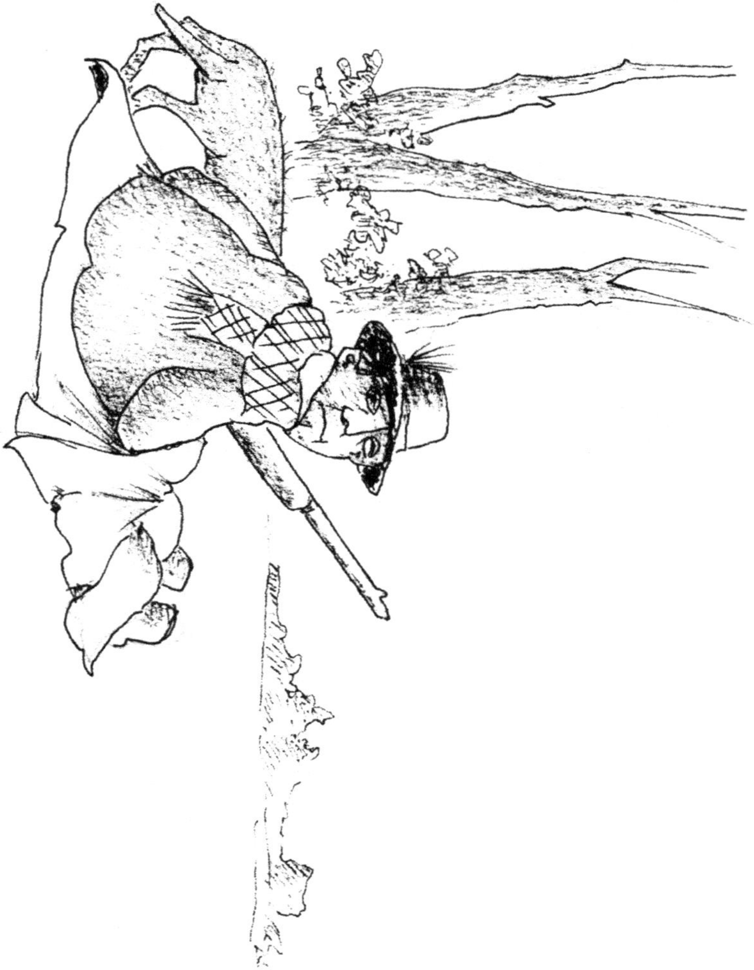

Ein Waidmann, daheim in Bad Soden,
beim Ansitzen suchte Methoden
gegen Inkontinenz
mit ner Trinkabstinenz.
Heute übt er den Beckenboden.

Ein Big-Five-Hunter[11] aus Xanten
schoss endlich den Elefanten.
Beim Schüsseltreiben[12]
gab's Rüsselscheiben
vom Grill – für alle Verwandten.

Eine Jägerin aus Appeldorn
erregte enorm ihres Gatten Zorn;
denn sie fand viel Pläsier
wohl im Nachbarrevier.
Der Gatte fand Trost im Appelkorn.

Namibia
Etosha
Windhoek
Lüderitz
ASPIRIN

Der Bürgermeister von Lüderitz
hatte beachtlich viel Landbesitz.
Der Ortsapotheker
hat zehntausend Acres.
Für ihn war das bloß ein müder Witz.

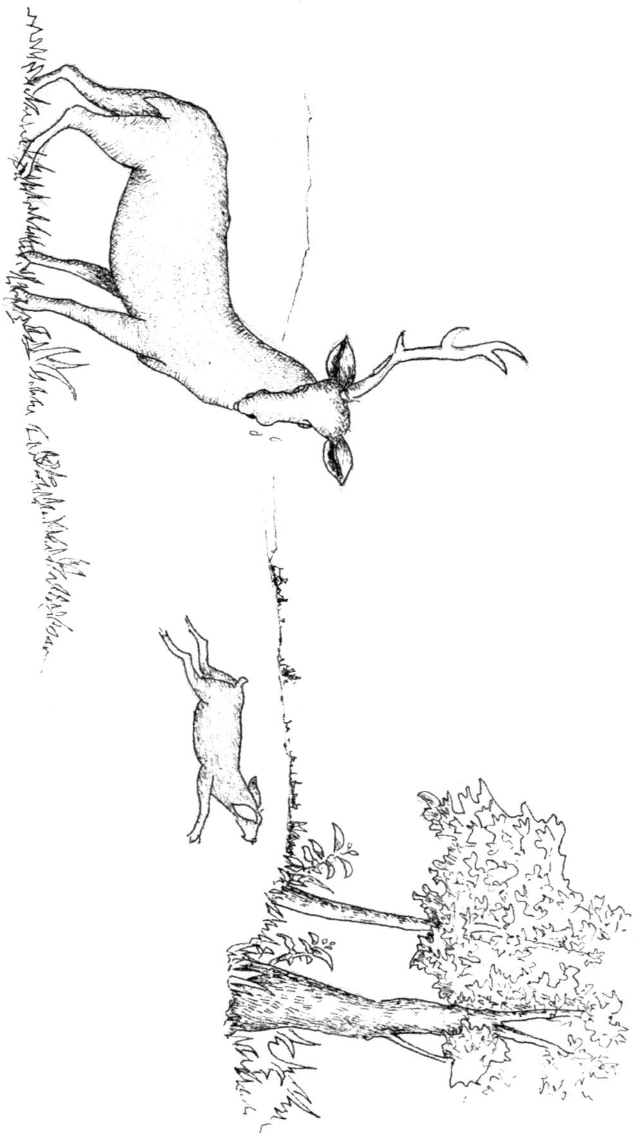

Ein Hirsch mit nur einer Stange,
der röhrte und suchte ganz lange
nach dem Schmaltier[13] vor Ort.
Doch das flüchtete fort:
Er stand ihr zu niedrig im Range!

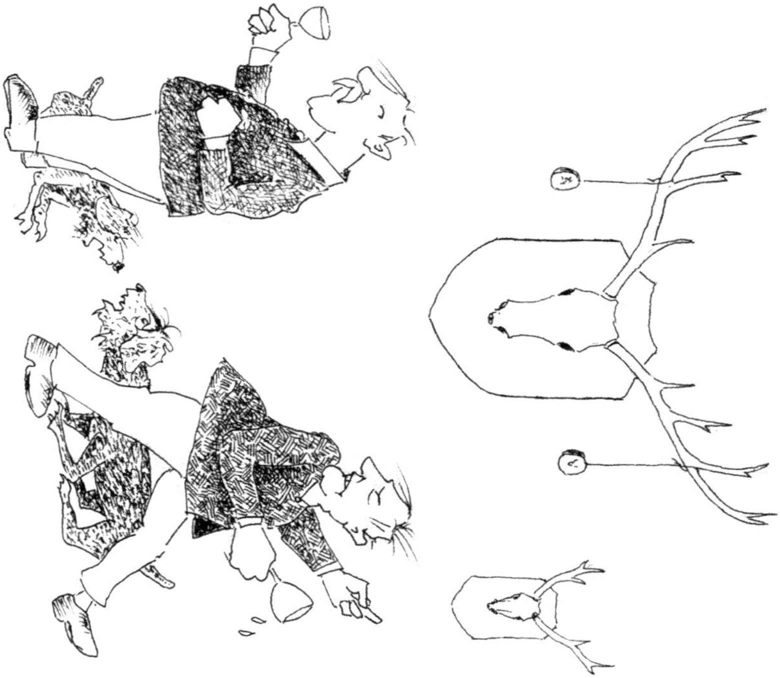

Das Geweih, die Zier der Cerviden[14],
ist hinieden den Hirschen beschieden.
An des Jagdnachbarn Wand
sorgt es, allseits bekannt,
durch Jagdneid für leidlich Unfrieden.

Der Halter der Brandlbracke[15]
berichtet dem Züchter ne Macke:
so zwischen den Zeilen,
dass leider bisweilen
in Hosenzwickel sie zwacke.

Einst hatte noch Wildbret haut goût[16].
Doch heute woll‘n viele im Noût
gleich ohne Verweilen
die Stücke zerteilen
unmittelbar nach „Hahn in Roût“[17].

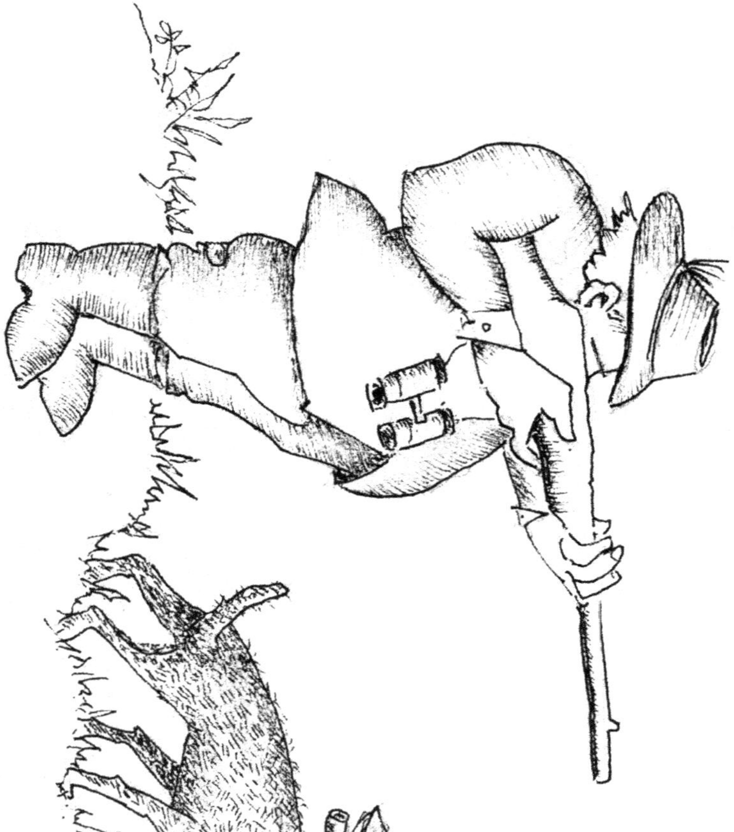

Der schussscheue[18] Setter aus Mengen
trägt Watte in beiden Behängen[19].
Jetzt zieht er flott nach[20]
bei jedwedem Krach.
Die Käufer am Zwinger sich drängen.

SUPER
BILD

Ein Förster aus Bergen auf Rügen
ging jagen mit wenig Vergnügen.
Er kaufte das Wild,
dazu noch ne „BILD“
als Rentner bei vollen Bezügen.

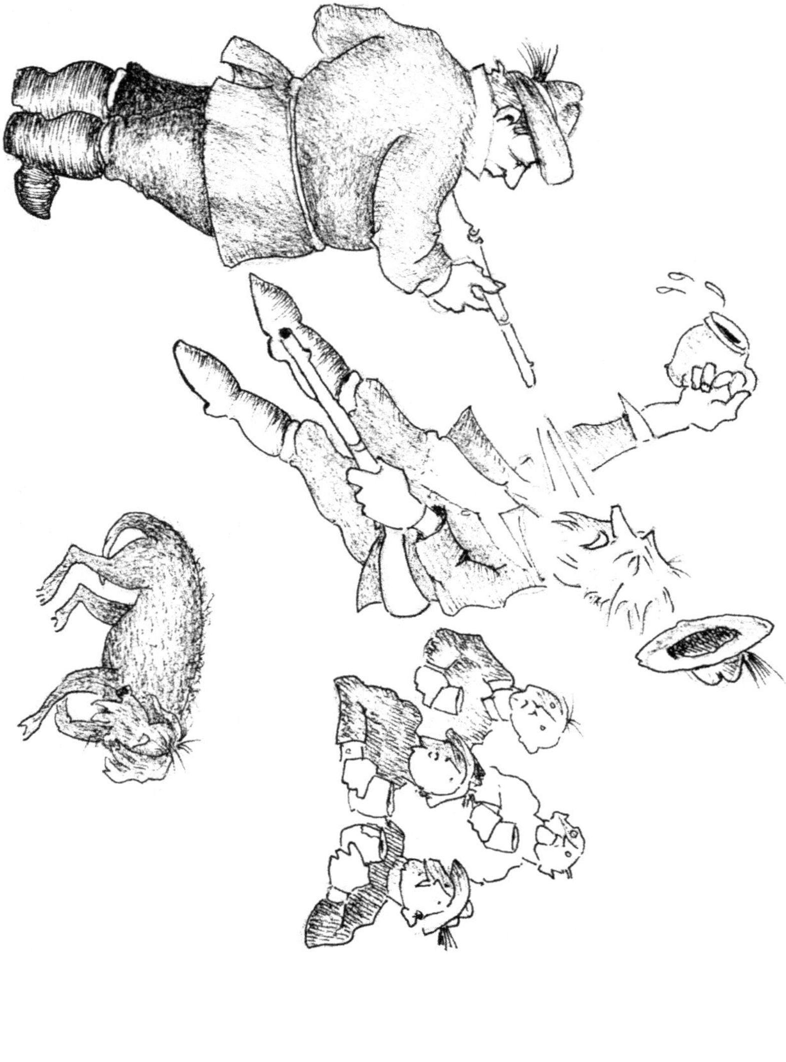

Der „Bergrebell“, dieser Jennerwein[21],
schaute mal kurz noch beim Senner rein.
Schon vor Augen die Krucken[22],
versäumt sich zu ducken.
Und Pföderls Blei traf den Jennerwein.

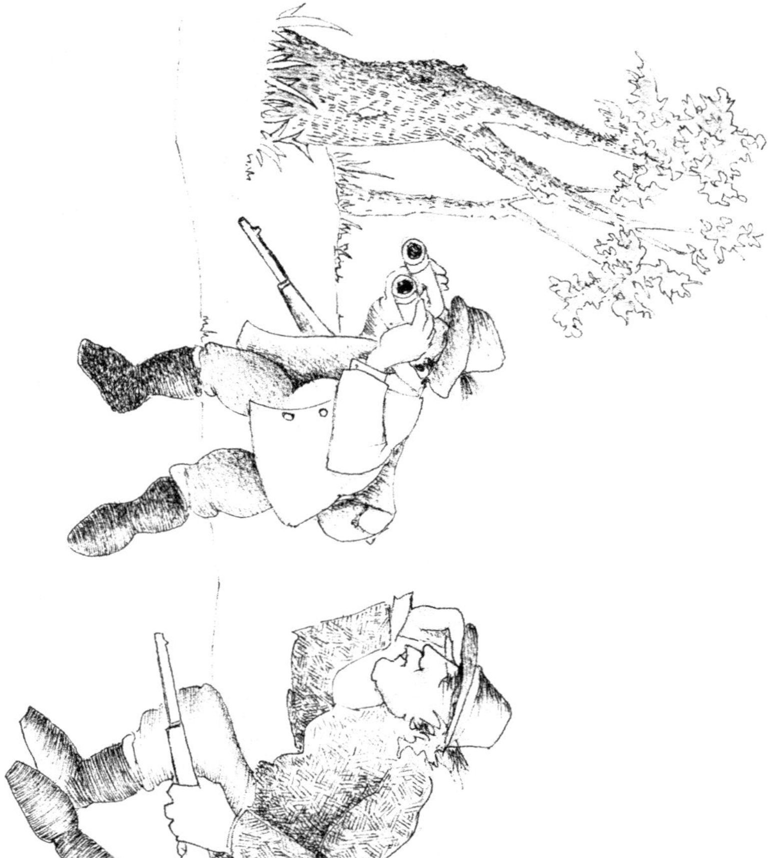

Der Wildererkönig von Kathus
der pirschte mit seinem Adlatus
durch Wälder und Auen.
Sie sagten den Frauen,
dass jeder von ihnen zum Skat muss.

DDR
DDR

Das Jagdgebiet rund um den Darß[23]
das machte schon vielen viel Sparß:
dem Kaiser, den Nazis
und Honeckers Bazis,
dabei man das Volk fast vergarß...

H2O2

Dieser Gamsbartbinder aus Schlier
der fälschte des Jagdhutes Zier:
Mit Hazwei-Ozwei[24]
da bleicht der ganz frei
das Rosshaar aus ureigner Gier.

DING DONG

Ein Pfarrer aus Mitte-Bayreuth
ergötzte sich sehr am Geläut[25]
vom Hund auf der Schleppe[26].
Auf der Kirchportaltreppe
hat ihn Glockenklang auch sehr erfreut.

Der Setter vom Duke of Leichester
erlitt sein Trauma Sylveichester:
Er wähnt sich der Größte
stets wenn er sich löste[27].
Wenn‘s irgendwo knallt, dann neichester[27].

Ein alter Förster aus Inverness
entfloh ganz gerne dem Alltagsstress.
Nach der Jagd auf Grouse[28]
folgte abends ein Schmaus.
Sein Kilt war immer sein Arbeitsdress.

Ein Bayer, der fand mal in Winnipeg,
noch länger ansitzen hat keinen Zweck.
Er schrieb auf WhatsApp
seinem Jagdspezi Sepp:
„Jetzt noch zehn Minuten, dann bin i weg!“

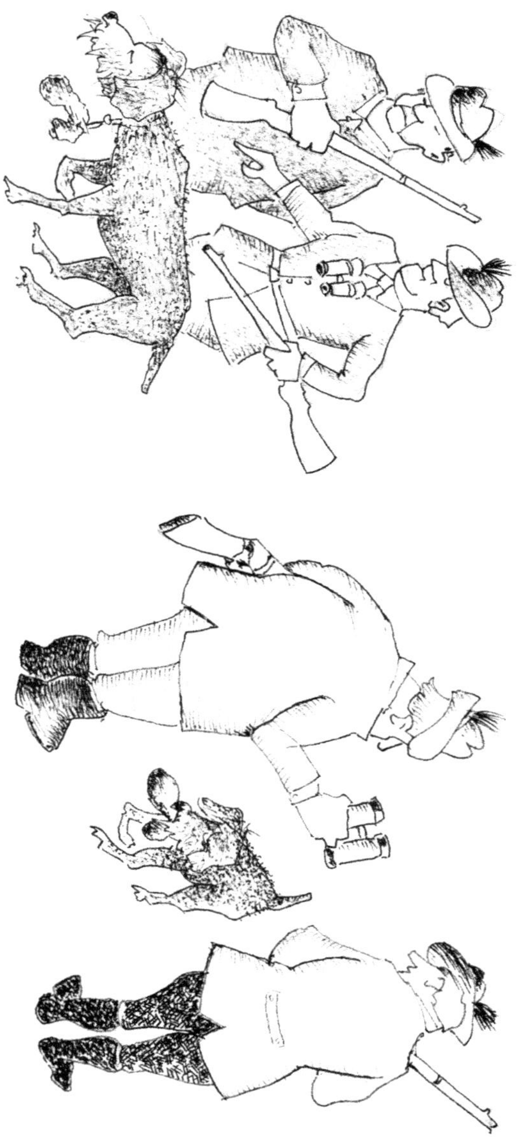

Der Bauhund[29] war schon ziemlich heiser
und wurde von Mal zu Mal leiser.
Auch Spurlaut[30] war weg,
es hatt‘ keinen Zweck.
So wurd‘ er zum Bringselverweiser[31].

Das Rezept dieses Jägers aus Gmund
schmeckte köstlich, war ganz mild im Schlund.
Sehr fein abgestimmt:
Vanille und Zimt.
Und gedruckt hat es nun „Wild und Hund“.

Ein Waidmann aus Hodenhagen,
ein Herr mit recht „hohem Magen“,
klemmte fest in der Tür.
Alle Freunde dafür
vor Lachen am Boden lagen.

Niederegger

Ein Fallensteller aus Kasachstan
erfüllte jedweden Abschussplan.
Er köderte klug,
nicht viel – stets genug.
Waschbären fängt er mit Marzipan.

Der Hund von dem Jäger aus Lingen,
der konnte fast alles brav bringen.
In schwerem Gelände
war er ne Legende.
Ins Wasser war kaum er zu zwingen.

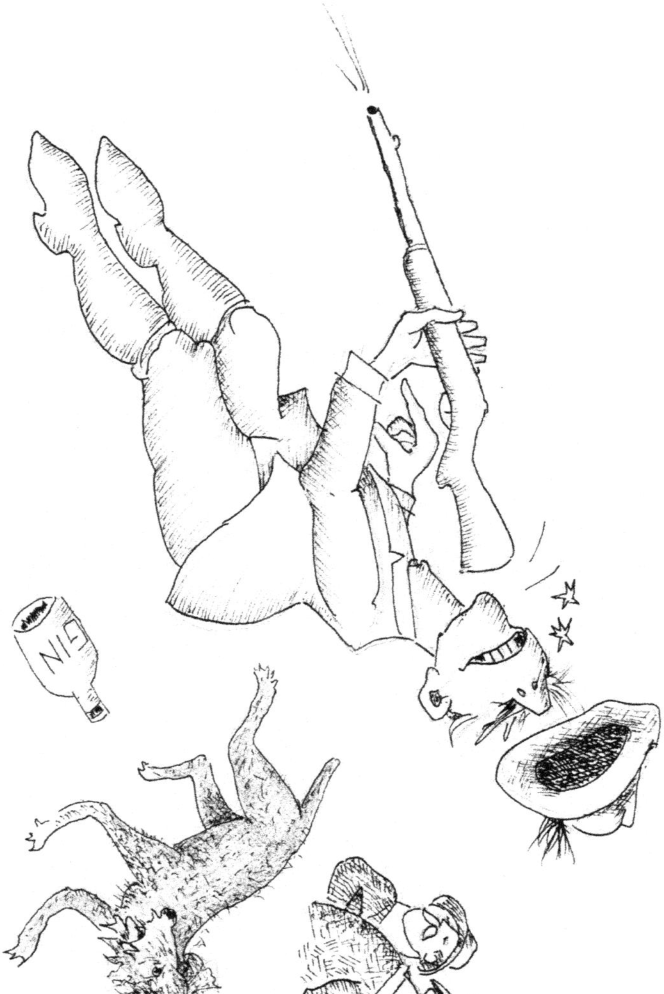
GIN

Ein kraftloser Jäger aus Lindau,
dem war vom Genuss von viel Gin flau.
Er hielt den Schaft[32] lose.
Das ging in die Hose:
Denn jener haut hart ihm das Kinn blau.

Ein Schönheitschirurg aus dem Deister
schoss den Keiler; der ging koppheister.
Das Weiße[33] ganz klar,
muss raus. Schließlich war
er im Fettabsaugen ein Meister.

Ein Wiederlader[34] aus Uelsen
benutzte ganz oft schlechte Huelsen.
Das rächte sich sehr:
Nun kauft niemand mehr
befüllte Patronen aus Uelsen.

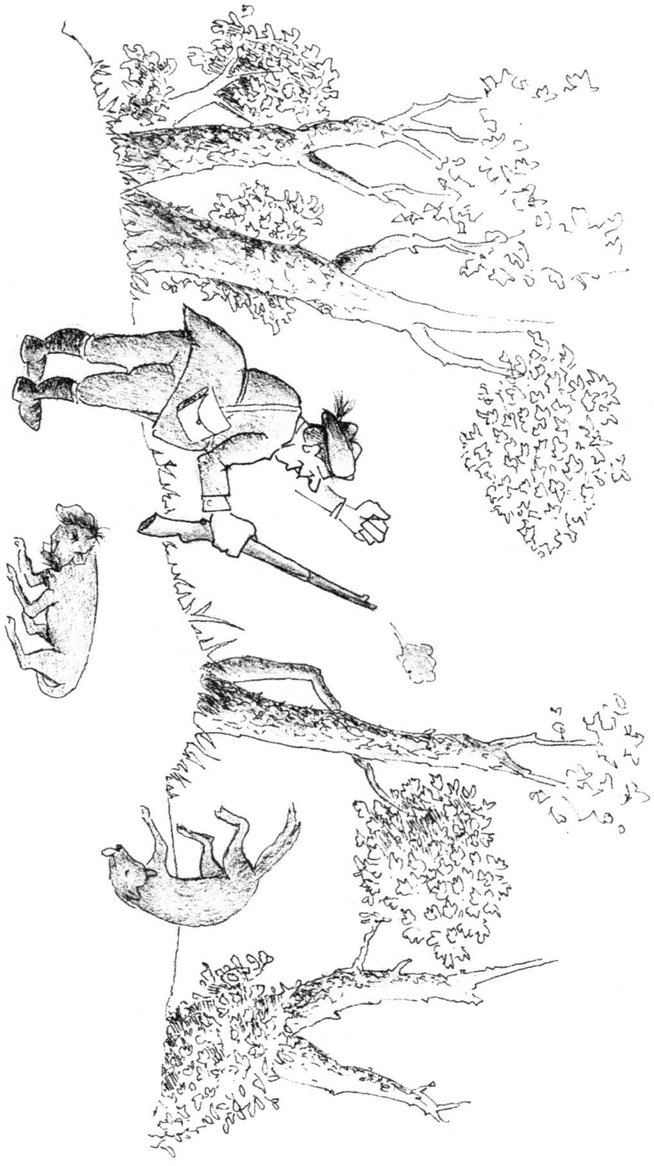

Ein eifriger Nimrod[35] aus Siegen
der ließ auf nen Wolf einmal fliegen[36].
Das war höchst gefährlich,
- und sein wir mal ehrlich -
oh, hätte doch bloß er geschwiegen.

Ein recht junger Jäger aus Essen
wurde Drückjagdkönig in Hessen.
Er war zwar nicht weichlich,
doch Schnaps floss schon reichlich.
Den Kopf kühlt er nun mit Kompressen.

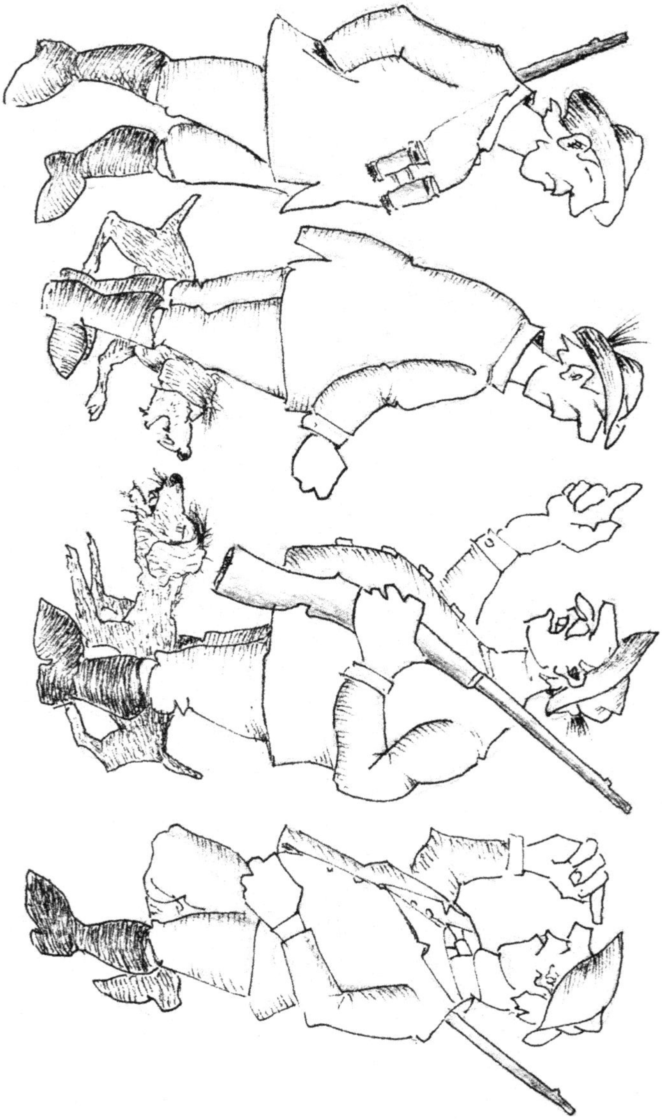

Der Wolf sorgt für wirklich viel Streit.
Dies hat bereits Freunde entzweit.
Ob Wolffreund, ob Feind
sie alle vereint:
Zum Rückzug ist keiner bereit.

Ein zweifelnder Jäger im Harz
sah alles nur kohlrabenschwarz.
Auf der gestrigen Pirsch
fiel der Jägertraumhirsch.
Und der liegt on top of the charts!

Große Freiheit
CLU

Fragt in Hamburg ein Jäger aus Eriwan:
„Wo kann man hier pirschen auf Auerhahn?“
„Im Prinzip überall,
doch auf gar keinen Fall
hier mitten im Kiez auf der Reeperbahn!“

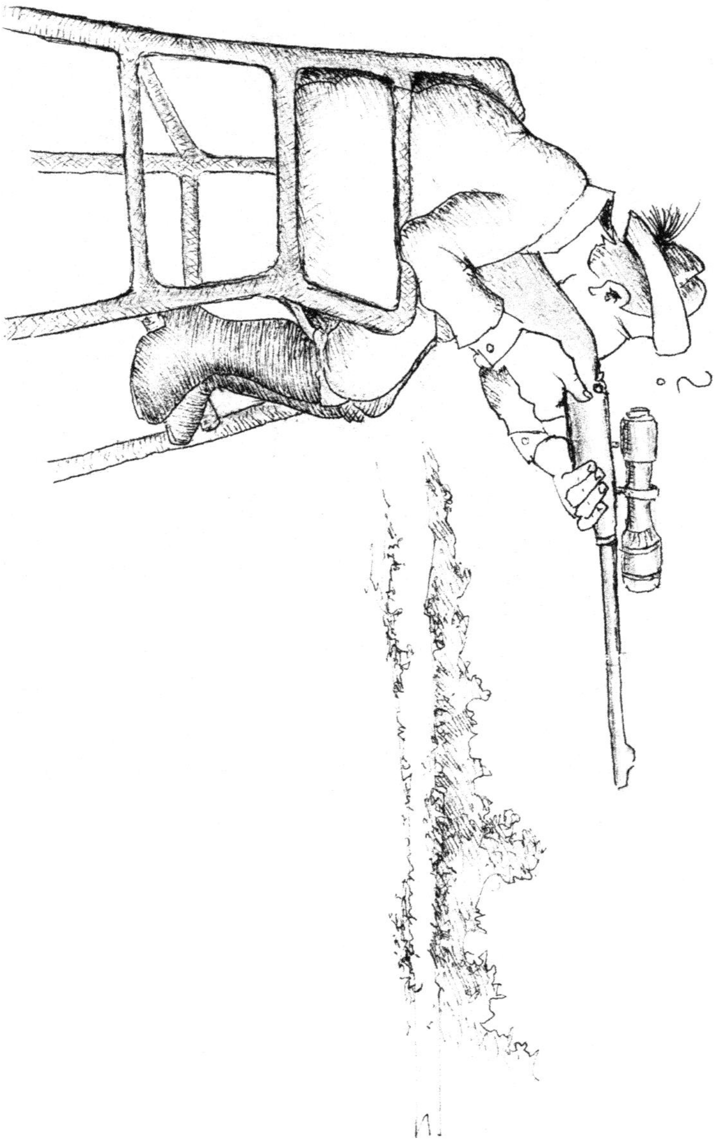

Einen Ansitzjäger aus Melle
durchfuhr‘s wie der Blitz auf der Stelle.
Sein Leuchtpunkt[37] war aus!
Er merkte, oh Graus:
Es fehlte ne frische Knopfzelle.

Ein Forstamtsdirektor aus Posen
trug gerne so knallbunte Hosen.
Wobei er sich schämte,
wenn Wild er vergrämte[38]
in Hosen mit grellbunten Rosen.

Der Jungbauer lernt für den Jagdschein.
Da kommt in die Stube die Magd rein.
Sie hört was von „hängen“[39],
er will sie leicht drängen.
Doch da sagt entschieden die Magd:“Nein!“

Beim Entenstrich abends am Dümmer
stand ein bildhübsches Frauenzümmer,
welches sehr irritierte,
ja, die Schützen blamierte!
Und das machte alles viel schlümmer!

Der Erfolg der Pirsch brauchte länger.
Der Geweihte war Einzelgänger.
Mit Mühe geborgen,
ging's gleich ans Versorgen[40].
Der Hirsch: ein „Versorgungsempfänger“.

Glossar

0 Limerick
Laut Wikipedia: „… ein kurzes, in aller Regel scherzhaftes Gedicht in fünf Zeilen mit dem Reimschema aa bb a und einem (relativ) metrischen Schema.
Bitte alles Weitere: de.wikipedia.org/wiki/Limerick_Gedicht

1/2 führen / schnallen
Junge Hunde werden geführt, um sie „leinenführig“ zu machen und sie zur Jagd abzurichten.
Wenn man den Hund vom Riemen /von der Leine lässt, „schnallt“ man ihn.

3 flotte Suche
Ein Jagdhund nimmt zielgerichtet ohne Ablenkung die Fährte auf.

4 Hans-Heinrich XI. Fürst von Pless
hat das „Fürst-Pless-Horn (in B)“ für die Jagd eingeführt. Das war natürlich so rund wie ein Posthorn. Das Horn war in der Zeit vor dem Smartphone ein wichtiges Kommunikationsmittel auf Jagden mit vielen Teilnehmern.(s.auch:“Hahn in Ruh!“) Pless war recht musikalisch und wurde 1872 zum Oberstjägermeister seiner Majestät des Kaisers ernannt.

5 plietsch
Norddeutsch für pfiffig, clever. (Keine Jägersprache).

6 Strecke
Alle erlegten Tiere am Ende der Jagd. Das Wild wird zur Strecke gebracht.

7 Weimaraner
Intelligente Jagdhunderasse, Jagdgebrauchshund, Vorstehhund

8 der Stutzen
Ein Jagdgewehr mit einem relativ kurzen Lauf, das gerne im Gebirge verwendet wird. Der hölzerne Schaft reicht unter dem Lauf bis zur Mündung.

9 Rominten
ist ein Dorf in der Rominter Heide in Ostpreußen. Diese war ein äußerst beliebtes Jagdgebiet u.a. der Hohenzollern (Kaiser Wilhelm II), später auch von H. Göring. Der Kaiser ließ dort auch ein Jagdschloss errichten.

10 Die goldene Sau von Kandern
Ein Trinkgefäß in Form eines Keilers. Es fasst 1,5 Liter. Markgraf Friedrich von Baden-Durlach hat es anlässlich einer Jagd 1605 gestiftet. Viele Jagdgäste haben lange Zeit daraus einen Wilkommenstrunk genossen.

11 Big Five
Für Großwildjäger in Afrika waren die „Großen Fünf" früher in Afrika: Elefant, Nashorn, Büffel, Löwe und Leopard. Heutzutage werden die Big Five auf Fotosafaris eher beobachtet und mit der Kamera „geschossen".

12 Schüsseltreiben
(in Süddeutschland auch „Knödelbogen") Am Abend nach einer Jagd findet ein gemeinsames Essen statt. Jäger, Treiber und Hundeführer sind eingeladen. Es gibt Berichte, dass mitunter auch alkoholische Getränke eine Rolle gespielt haben sollen...

13 Schmaltier
Das weibliche Rotwild und Damwild im zweiten Lebenssommer bis zum ersten Setzen (Gebären) heißt Schmaltier.

14 Cerviden
(cervidae) Familie der Hirsche, Geweihträger aus der Ordnung der Paarhufer
(Elchwild, Rotwild, Sikawild, Damwild, Rehwild)

15 Brandlbracke
eine Jagdhundart mit feiner Nase

16 haut goût
französisch [o:'gu:] wörtlich „hoher Geschmack". Es geht dabei um das „Reifen" des Wildbrets, um es mürbe zu machen. Das Tier bleibt dann mehrere Tage hängen, bevor es zerteilt wird. Sollte bitte nicht übertrieben werden.

17 „Hahn in Ruh!"
Das wichtigste Signal mit dem Jagdhorn. Nach diesem Signal darf absolut nicht mehr geschossen werden, und die Waffe muss sofort entladen werden. Mit Hahn ist die Komponente im Mechanismus von alten Jagdwaffen gemeint, die die Explosion der Treibladung auslöst.

18 schussscheu
Der Hund verkriecht sich nach dem Brechen des Schusses ängstlich hinter dem Schützen.

19 Behang, Behänge
die herabhängenden Ohren von Jagdhunden
Früher wurden auch die Lehrjahre eines Jägerburschen als Behang bezeichnet.

20 flott nachziehen
Der Hund „zieht flott nach", wenn er auf der Fährte oder Spur suchend dem Wild folgt.

21 Georg („Girgl") Jennerwein
Ein legendärer Wilderer, vermutlich aus Eifersucht von Josef Pföderl 1877 erschossen.
Pföderl war Kriegskamerad (1870/71) von Jennerwein und Jagdgehilfe.
Wegen der mysteriösen Umstände seines Todes wurde Jennerwein auch zum Symbol der Auflehnung gegen die Obrigkeit in Bayern.

22 die Krucken
auch Krickel oder Krückel, die Hörner (und somit die Trophäen) des Gamswildes.

23 Darß
Der Darßwald ist ein wunderbares, seit langem beliebtes Jagdgebiet in Mecklenburg-Vorpommern. Spektakulär ist die herbstliche Rotwildbrunft.

24 H2 O2
Wasserstoffsuperoxyd dient auch zum Blondfärben von Tierhaaren . . .

25 Geläut
das Bellen der Hunde auf einer Wildfährte

26 die Schleppe
eine künstliche Geruchsfährte mit Tierblut (jägersprachlich „Schweiß“) erzeugt, um den Jagdhund abzurichten.

27 sich lösen und nässen
Die beiden Möglichkeiten für einen Jagdhund, jägersprachlich korrekt, seine Notdurft zu verrichten.

28 Grouse
jagbares Geflügel in Schottland

29 Einen Bauhund
gebraucht man z.B. bei der Jagd auf Kaninchen. Man hört das Bellen, wenn der Hund die Kaninchen aus dem Bau jagt.

30 spurlaut
ist ein Jagdhund, wenn er auf der frischen Fährte beim Verfolgen von Wild laut bellt

31 Ein Bringselverweiser
ist ein Jagdhund, der am Halsband (der „Halsung“) ein „Bringsel“(z.B. kurzes Lederstuck) tragt. Dieses nimmt er in den Fang, wenn er ein erlegtes oder angeschossenes Stück Wild gefunden hat. So kehrt er zum Jäger zurück und zeigt ihm damit ohne zu bellen an, dass er etwas gefunden hat.

32 Gewehrschaft
Wenn man den Schaft des Gewehrs beim Schuss nicht fest genug in die Schulter drückt, kann der Rückstoß sehr böse schlagen. Die Folge sind allerlei blaue Flecken.

33 das Weiße
das Fett (Speck) bei Wildschweinen und dem Dachs

34 Wiederladen
Leere (abgeschossene) Patronenhülsen aus Messing werden mit neuem Zündhütchen, Pulver und Geschoss versehen. Außer den Gerätschaften, den Komponenten und Sachverstand braucht man einen Sprengstofferlaubnisschein.

35 Nimrod
ein passionierter Jäger

36 fliegen lassen
den Schuss auslösen, schießen

37 Leuchtpunkt
Ein kleiner rot oder grün leuchtender Punkt im Zielfernrohr, der den Treffpunkt des Projektils markiert. Erzeugt wird dieser durch eine eingespiegelte LED, die durch eine Knopfzelle mit Strom versorgt wird. Hilfreich in der Dämmerung.

38 vergrämen
Wild durch Bewegung, Geräusche oder Geruch so stören, dass es flüchtet

39 hängen
das Verbundenbleiben bei Hunden, Wölfen und Füchsen nach dem Begattungsakt.

40 versorgen
das Wild nach dem Erlegen aufbrechen (=aufschneiden und die inneren Organe herausnehmen), damit es auskühlen kann und das Fleisch (Wildbret) nicht verdirbt.

Literatur

Antonoff, Georg: Die Sprache des Waidmanns BLV München, o.J.

Frevert, Walter: Wörterbuch der Jägerei, Verlag Paul Parey 1966

Krickau, Georg: Die Jägersprache , Hachmeister & Thal, Leipzig 1918

Ludwig, Joachim: Wörterbuch der Weidmannssprache.
VEB Deutscher Landwirtschaftsverlag Berlin 1987

Willkomm, Hans-Dieter: Die Weidmannssprache, Grevesmühlen 2018
ISBN: 978-3-946324-23-2

Waidmanns-Danksagung

Dank schulde ich meinem Bruder Ulrich posthum. Der hat mich in frühen Jahren mit der schnurrigen Welt der Limericks bekannt gemacht. Meine alte Freundin Ingrid hat mich mit „meinem Illustrator“ Erich zusammengeführt. Die Nichte Christiane führte ein aufmunterndes Lektorat. Der Neffe Hendrik öffnete mir u.a. seinen jagdkynologischen Erfahrungsschatz. Meine Frau Thekla fasste sich, nach anfänglicher Skepsis, dann doch in Geduld mit mir. Meine jagdlichen Gönner Jochen und Uwe ermöglichten mir erbauliche kreative Ansitzstunden. Schließlich vereinigte Michael (mk@kramernet.de) mit geeigneter Software virtuos Text und Bild zur Druckreife.